D0839095

Marco Calò

AUDIENCE

cal.co
editore

Marco Calò - Audience

Translation from Italian into English: Helen Cleary
Editing texts: Paola Miglietta
Design: Annarita Papeschi, Daniele Pinna, Marco Calò
Scans: La Progressiva, Firenze
Printing: Arti Grafiche Stampa Nazionale, Calenzano (FI)

© 2000 for the photographs: Marco Calò
© 2000 for the texts: Marco Giusti, Vanessa Roghi
© 2000 for this edition: Cal.co Editore – Firenze

Head office:
via G. Donizetti, 15
50144 – Firenze/Italia
tel/fax +39 (0)55 333267
e-mail: info@calcoeditore.com
website: www.calcoeditore.com

All rights reserved.

First Cal.co Editore Edition 2000
ISBN 88-87866-00-7
Printed in Italy

Per chi si produce televisione? Per chi si fabbricano le nostre immagini? Abbiamo veramente coscienza di chi ci guarderà e di come ci guarderà? In tanti anni di televisione, fatta, vissuta, vista, credo di non aver mai pensato alla faccia del mio spettatore nell'attimo che guardava un programma. Dove stava, cosa faceva, cosa guardava. Eppure non esiste televisione senza lo spettatore. E la prima cosa che si fa la mattina dopo di ogni messa in onda è la conta auditel di quanti ti hanno visto. In percentuale, in numero. Lo spettatore è il tuo giudice, il tuo killer, il tuo salvatore. Quanti spettacoli sono stati eliminati perché scendevano al 7, al 6 per cento. E tutti abbiamo sicuramente attivato qualche trucco per catturarlo, mentre sta cambiando canale, mentre vorrebbe andare al bagno, mentre si sta appisolando e ti tradisce, mentre mangia al tavolo con moglie e figli e preferisce parlare di quel che ha fatto nella giornata che guardare quello che hai fatto. Eppure non me lo sono mai immaginato. Ho pensato, al massimo, al mio dovere morale, da soldatino di piombo, di fornire delle immagini, delle sensazioni, delle frasi che avessero un senso, un valore prima di tutto per me. Di sapere sempre, di avere coscienza di quello che mandavo in onda. Ma l'attimo meraviglioso della creazione del rapporto tra chi ha costruito un'immagine televisiva e tu che la guardi, beh... Eppure il massimo piacere per chi fa televisione, soprattutto televisione cotta e mangiata, giornaliera, è proprio il chiudere un programma e rivedersi in onda dopo poche ore, pochi minuti. Solo allora sei veramente e completamente autore e spettatore di quello che hai fatto. Guardi le tue immagini da uno schermo della messa in onda della Rai, o da uno studio dove hai montato fino a quel momento. In qualche modo equivale all'attore sulla scena che guarda per un attimo il suo pubblico. E vede cose che non pensava, e capisce i suoi errori, i suoi difetti. Ma già pensare a tuo padre, a tua madre, mentre guardano quello che hai fatto fa parte di un'altra situazione, estremamente privata, che per censura, forse personalissima, escludo in partenza. Certo, noi stessi spettatori, abbiamo visto grandi eventi storici in tv mangiando, partite memorabili facendo l'amore, sciagurati talk show prima di andare a dormire. E come siamo noi stessi davanti alla televisione? Qualsiasi immagine che ci mostra una persona nel suo privato davanti alla tv ci riporta a qualcosa che, forse per me televisivo, svela troppo, è facilmente oscena. Perché proprio quell'attimo che separa quel che sto mandando in onda da tu spettatore che guardi, è qualcosa di così privato, di così personale che solo a pensare di rimetterlo in scena, nella sua realtà, non può che coinvolgere qualche complicazione artistica. Ma forse è di questo che stiamo parlando.

Marco Giusti

Who is television for? Who do we create our images for? Are we really aware of who is watching us, and how? In so many years of television - made, lived and seen - I believe I have never really considered the face of my viewer in the moment that he or she is watching a programme. Where he or she was, what he or she was doing, what he or she was watching. And yet television would not exist without the viewer. The first thing you do the morning after every broadcast is to consult the auditel figures to see how many people have watched you - the percentage, the number. The viewer is your judge, the one who makes or breaks you. How many shows have been taken off the air because the ratings fell to below 7 or 6 per cent? And all of us have undoubtedly resorted to various ruses to captivate the viewer, while he or she is switching channel, wanting to go to the bathroom, betraying us by dozing off, or while he is eating dinner with his wife and children and preferring to talk about what he has done that day rather than watch what you have done. And yet, in spite of all this, I have never imagined the viewer. At most I have duly borne in mind the moral duty, implicit in my role, to provide images, sensations and phrases which had sense and which had meaning, primarily for myself. It was important that I knew and was conscious of what I was broadcasting. But as for that wonderful moment of the establishment of relations between the person who has constructed the television image and the person who sees it, well..... And yet the greatest pleasure for those who make television, especially the daily, immediate consumption type of TV, is that of finishing a programme and then watching it broadcast just a few hours, or even minutes, later. This is when you are truly both author and viewer of what you have made. You watch your images on one of the RAI broadcasting screens, or even from the studio where you have been mounting the film up to that moment. It's a bit like being an actor on the stage watching his public for a fleeting moment. He sees what he hadn't thought of, becomes conscious his mistakes and his defects. But even thinking about your father or your mother as they watch what you have created is already a completely different matter, an extremely private situation which, in a censure which is possibly highly personal, I exclude a priori. Of course it's true that we viewers have seen witnessed great historic events on TV while we were eating, have viewed memorable sports events while we were making love and ill-starred chat shows before going to bed. And how do we ourselves behave in front of the television? Any image which shows us a person watching the TV in private brings us back to something which for me, as a TV maker, is too revealing and lapses easily into the obscene. Possibly this is because that very moment which separates what I am broadcasting from you as a viewer is something so private and personal that the mere thought of bringing it, in its stark reality, into the limelight, inevitably implicates a complication of an artistic nature. But maybe this is precisely what we're talking about.

«si può essere ascoltatori di sottofondo ma non si può essere spettatori di sottofondo»[1]

"Tele – dal greco: lontano. Prefisso con cui la TV ha creato non meno di trenta o quaranta composti, fra i quali il primo in ordine alfabetico e l'ultimo in ordine di importanza è il teleabbonato"
Achille Campanile[2]

Nel *Quarto libro della fantascienza* Fruttero e Lucentini offrono ai lettori un breviario di frasi, ideato dalla scrittrice Joanna Russ, pensato per il turista che si trovasse a passare dal paese di Locrina, Pianeta VII del sistema CX 437894.

«*Cameriere* – fa notare il turista - *questo pasto è ancora vivo*». Oppure: «*Questo è il mio associato. Non va considerato come mancia*» e ancora «*Questa non può essere la mia camera perché non posso respirare ammoniaca*».
Delle tante frasi non poche sono quelle utili anche sulla terra. Il viaggiatore intergalattico potrebbe benissimo trovarsi a dover usare espressioni come «*Cambiate colore voi?*»e «*Questo sarebbe erotico secondo voi?*», soprattutto se messo a contatto con alcune situazioni simbolo del nostro vivere civile: le sedute abbronzanti e gli spettacoli televisivi.
Gli spettacoli televisivi. Raramente è dato di sentir porre domande così banali di fronte a quel caleidoscopio di simboli che è diventata la Televisione, è chiaro che quanto vediamo non è né interessante né tanto meno erotico, dicono i critici, che dovremmo essere proprio marziani per preoccuparci di queste cose.
Solo l'abitante di Locrina probabilmente troverebbe qualcosa di cui stupirsi, oppure rovescerebbe lo specchio e come in un altro racconto di fantascienza si metterebbe lui a guardare da questa parte dello schermo, vedendo noi, le nostre abitudini, il nostro modo di guardare (o non guardare) la Tv.
Ci ha già pensato l'Auditel, e prima dell'Auditel i sociologi, e prima dei sociologi il senso comune che ci dice che un intero popolo che si siede alla stessa ora, di fronte alla stessa rappresentazione, in diversi luoghi, distanti e non comunicanti, è ben più interessante dello spettacolo rappresentato.
Di qua dalla Tv ci siamo noi, di qua dalla Tv c'è l'audience. Noi, per sillogistica ragione, siamo l'audience. L'audience che cos'è?
Audience significa uditorio, perché le rappresentazioni avevano senso se ascoltate prima che viste, la parola ha poi finito per definire in generale quell'aggregato di persone "spettatori, lettori, ascoltatori definito in rapporto all'atto di consumo di un medium"[3].
Nel termine consumo più che in quello di audience sta oggi la chiave della fruizione televisiva: molto spesso nessuno ascolta la Tv ma si limita a guardarla cambiando canale, cogliendo frammenti di quel flusso televisivo, per dirla con Raymond Williams, che investe ormai ogni attimo della nostra vita.
Oppure la tiene accesa e le gira intorno, le dà le spalle fa altre cose. L'audience ormai è diventata sinonimo di altro: non più ascolto, gradimento, neanche sguardo, ma presenza, contemporaneità, unità di luogo di tempo di spazio.
Si ricompongono così i pezzi della rappresentazione come l'avrebbe voluta Aristotele, si ricompongono per un terzo spettatore, forse l'abitante di Locrina, che vede Tv e pubblico in un unico spazio non mediato di cui sono diventati attori, coprotagonisti e sapere cosa sta passando in Tv è importante quanto sapere cosa sta mangiando il signore che vi siede distratto di fronte.
Noi siamo di volta in volta audience e target, ascolto medio e contatto[4], share (prendendoci in percentuale); tutto, proprio tutto è fatto per noi, dicono i teorici più disincantati, per venderci qualcosa, per farci comprare un personaggio e con lui la pubblicità che va in onda nella sua fascia oraria[5].
Noi dunque usciamo dalle menti degli statistici, dei signori dell'Auditel, degli inventori di palinsesti e alla fine sembriamo non esistere neanche più.
L'audience diventa un'ipostatizzazione del capitalismo.
Un'idea.

Il flusso televisivo
Un sindaco del nord Italia offre cinque milioni di ricompensa a chi con un trattore si offra di ricoprire con liquame un campo nomadi "abusivo": intervista al sindaco, che dice «noi non vogliamo cacciare nessuno». Si mostra lo sporco di un campo (immagini di repertorio). Tg1.

«La più grande facoltà del nostro cervello, quella che ci distingue e ci rende superiori agli altri animali è la capacità di incorporare e ricordare migliaia di informazioni».
Alessandro Cecchi Paone, La Macchina del Tempo, Canale 5.

Due esempi di informazione televisiva. Due modi per rappresentare la comunicazione. Il primo, pop, che attua la separazione fra azione e discorso, indicata dagli epistemologi come propria dell'informazione televisiva: il sindaco propone di gettare merda dove vivono altri essere umani ma dice di non voler mandare via nessuno (forse pensa che i rom siano piante di mele e crescano meglio con il concime). In TV nessuno può permettersi di sembrare cattivo.
Il secondo più scientifico, distaccato, quasi neutro eppure non riesce a far dimenticare l'osservazione di Neil Postman

«Staremmo tutti meglio se la Tv fosse peggiore, non migliore»[6].

La frase di Cecchi Paone sottolinea, in un documentario sull'evoluzione, quello che gli scienziati della comunicazione dicono ormai da tempo: la struttura del nostro cervello è cambiata a contatto con i nuovi media. Il cervello si è plasmato sulla frammentarietà della televisione.
Accumulare informazioni, immagini, non importa saperle mettere insieme, in relazione, né prima né dopo, soltanto ora.
La ragione, secondo Hegel, coglieva il tutto per intero, la ragione, secondo Cecchi Paone, coglie il tutto a pezzettini.

La televisione che cerca di dire cose intelligenti fa paura. Ma già la faceva tanti anni fa come faceva notare Achille Campanile di fronte a una delle prime trasmissioni culturali della Rai: *L'approdo.*

«Tira un gran vento culturale alla TV. Direi addirittura un ciclone, un vortice, un monsone. Una tromba d'aria culturale»[7].

Lo spazio della rappresentazione
«Le immagini», ha scritto Gavriel Salomon, *«richiedono di essere riconosciute, le parole di essere capite».*

Le foto di Marco Calò fanno venire anche la voglia di capire e di essere capite. Danno corpo all'Idea. All'audience.
Se potessi mangiare un'idea avrei fatto la mia rivoluzione cantava Giorgio Gaber.
Marco fa mangiare l'idea, pane e prosciutto, pasta al sugo.
Marco dà vita all'oggetto più rivoluzionario dello spettacolo televisivo: il suo pubblico.
Che la guarda, le gira intorno, le gira le spalle.
Scriveva Franco Fortini dei critici apocalittici che vedevano nella Tv la somma di tutti i mali perché, malgrado rappresentasse la società in tutto e per tutto, non rappresentava il bene, il giusto dei filosofi:

«Contro di loro vale, credo, quel che Brecht scriveva contro Karl Kraus, il nemico dei giornali: "Il signor Wirr riteneva l'uomo un essere elevato e i giornali non suscettibili di miglioramento. Il signor Keuner invece riteneva l'uomo un essere basso e i giornali

suscettibili di miglioramento"».[8]
E' l'uomo ad essere elevato, umano troppo umano, simpatico e perfettibile.
Anche se la Tv, si dice, è fatta a sua immagine e somiglianza (era ancora Campanile a ironizzare su chi proclamava la necessità di una televisione stupida altrimenti la gente non l'avrebbe capita).
Troppi sono i volti che guardano la Tv, troppo diversi fra loro e povero il bisogno di semplificazione dei cacciatori di audience.
La Tv è quello che è. Il suo pubblico è milioni di cose.
Nello spazio della rappresentazione ci sono questi due poli.

La libertà
Ma allora siamo tutti liberi dalla TV? Parafrasando Finardi, la Tv libera la mente?
Un esempio generazionale lo ha dato qualche anno fa Umberto Eco, a partire proprio dal caso nazionale dove la Tv è nata all'inizio degli anni '50 e *«dove esiste ormai una generazione nel senso classico del termine cresciuta guardando la televisione».*
Scrive Eco che: *«il nostro italiano tipo comincia a parlare quando presumibilmente i propri genitori non hanno ancora acquistato la televisione e se la trova in casa verso il 1953. Tra i tre e i quattro anni viene accompagnato giorno e sera dall'immagine di Marisa Borroni, a cinque si delizia sui giocolieri che popolavano le riviste televisive di allora, il suo senso dell'umorismo si forma sulle operette con Nuto Navarrini; la sua ideologia è quella del melodramma verdiano messo in onda con frequenza martellante, il ragazzo comincia*

ad andare a scuola e forma la sua nozione di cultura su *Lascia o raddoppia?* o, ciò che maggiormente preoccupa, sulle trasmissioni culturali dell'epoca. Non appena si alfabetizza entra nell'era di *Carosello*, i suoi riti di iniziazione si chiamano *Festival di San Remo* e *Canzonissima*, non ode neppure nominare Marx sotto forma di Groucho e Harpo, perché i film che vede su piccolo schermo sono all'epoca produzioni secondarie degli anni Quaranta. A undici anni impara la geografia su *Campanile Sera*. Per il resto l'Italia e il mondo gli sono narrati dal *Telegiornale*. Impara insieme al greco e al latino la meteorologia del colonnello Bernacca, affronta i primi problemi sociali e politici attraverso *TV7*, impara che esiste una forma violenta di contestazione ideologica grazie agli "Ella mi consenta" di *Tribuna politica*. Nel 1968 va ormai all'università. E' passato attraverso la *Tv dei Ragazzi*, il *Telegiornale* di Stato e *Padre Mariano*. È il rappresentante di un'educazione totalmente televisiva, in un paese amministrato dal partito di maggioranza che esprime i valori fondamentali di una civiltà cattolico-popolare inserita nei ranghi ideologici e politici dell'Alleanza Atlantica. Se i teorici apocalittici delle comunicazioni di massa, muniti di pretenzioso marxismo aristocratico di ascendenze nicciane, sospettosi della prassi e infastiditi dalle masse, avessero avuto ragione, questo ragazzo nel 1968 avrebbe dovuto cercare un dignitoso posto alla Cassa di Risparmio [...] tagliandosi i capelli una volta la settimana e appendendo alla *Domenica delle Palme* il ramo d'ulivo benedetto sul calendario della

Famiglia Cristiana recante l'immagine del *Sacro cuore* di Mike Buongiorno. La generazione televisiva è stata invece la generazione del maggio Sessantotto, dei gruppuscoli, del rifiuto dell'integrazione, dell'uccisione dei padri, della crisi della famiglia, dei diritti della donna».[9]

All'ottimismo di Umberto Eco sulle virtù della televisione nel formare generazioni ci sia consentito, tanto per restare nel linguaggio televisivo, ricordare che la stessa generazione è quella che non ha esitato a bombardare Belgrado, ad esitare sul "gay pride", a rendere credibili personaggi che la televisione stessa si è inventata. E sembra più appropriata la considerazione di Nanni Moretti che in *Aprile*, di fronte al desolato paesaggio pugliese, quello dello sbarco della prima grande ondata di disperati dall'Albania, dice «il fatto che in questi giorni qui in Puglia non sia venuto nemmeno un dirigente della sinistra è il sintomo della loro assenza politica ma soprattutto della loro assenza umana [...] io me li ricordo negli anni Settanta a Roma alla Fgci i giovani comunisti romani stavano tutti i pomeriggi davanti al televisore a vedere Happy Days, Fonzie».
Non bisogna aspettarsi niente dal pubblico televisivo.
Potrebbe darci fregature come questa.

Le parole
Teleputer, infotainement, broadband, video on demand sono alcuni dei neologismi pensati dai "comunicatori" per parlare delle nuove frontiere della TV.

Guarderemo soltanto ciò che ci interessa grazie al video on demand, video su richiesta, letteralmente, ovvero i canali tematici; ci delizieremo di quel già collaudato mix di informazione e intrattenimento, infotainement che già ci ha regalato perle di macabro realismo glamour, "ci dica come ha evaso le tasse mentre le nostre vallette le ondeggiano intorno".
Grazie al computer potremo (forse) fare a meno della scatola magica e sbirciare nelle vite di chiunque voglia avere una telecamera in salotto o nel bagno.
Tutto nuovo niente di nuovo. Interessante leggere i neologismi guardando i volti fotografati da Calò. Di fronte a tanto chiasso linguistico il silenzio di chi ne subisce la concretizzazione. O ne sottolinea la vacuità. In fondo cosa c'è di diverso fra il cesso della casalinga di Los Angeles e le vite dei protagonisti di Beautiful?

L'italospettatore
Specie in continua crescita fino agli anni Ottanta è diventato negli ultimi quattro lustri sovrapponibile *all'italoabitante genericus*. Mammifero, si riproduce nelle pause pensate per lui dall'ingegneria genetica del futuro, i pubblicitari.
Ha subito una lenta evoluzione, stando ad alcuni noiosissimi libri sull'argomento, che l'hanno visto prima riunirsi in branchi e poi sperimentare sempre di più le vie dell'individualismo. Il reportage di Marco Calò lo ritrae in alcuni momenti esemplari della sua vita, il ritorno del branco tuffato in una vasca da bagno, ad esempio, segnala

evidentemente la crisi di questa specie e la disperata ricerca di una nuova identità. Uno dei suoi primi esemplari ci ricorda che anche fra gli italospettatori la selezione naturale ha giocato un ruolo fondamentale per l'evoluzione della specie, dopo aver visto la tv, infatti, uno dei nostri eroi, si è subito premurato di far sapere che:

«*mio nonno dice che fare il contadino è il più bel mestiere….Se comandassi io al posto di mio nonno andrei stasera subito in città intanto aspetto che mio nonno sia giunto a morire così mi compro subito il motorino e vado a vivere come ho visto in tv*».[10]

E la specie è migliorata e diventata quella che è.

Il tempo ritrovato
Marco Calò inventa una sua poetica surrealista (reale troppo reale) declinandola in immagini:

«*Bisogna condurre il telespettatore non davanti allo schermo (vi è sempre stato davanti: è addirittura questo il suo alibi, il suo rifugio), ma nello schermo, dall'altro lato dell'informazione. Fargli realizzare la stessa conversione di Duchamp col portabottiglie, trasferendolo tale e quale dall'altro lato dell'arte, creando così un'ambiguità definitiva tra l'arte e il reale*».[11]

Dice Marco "*scegliere i volti dei telespettatori come protagonisti di questa ambiguità è un tentativo di identificare la massa. Essa acquista un volto e con esso identità. Dare un immagine al singolo significa riconoscergli un'impronta, una specificità; è quasi come elevarlo a una condizione più concreta, più vera. A lui spetta il compito di entrare nello schermo, nei meccanismi televisivi, di permettere e vietare. Dare un volto alla massa vuol dire privare il telespettatore di ogni alibi, chiamarlo in causa, responsabilizzarlo.*"
Di fronte alla velocità del flusso le immagini di Marco sono immobili restituendo il tempo fagocitato dalla televisione.
Due velocità diverse. Impossibile coglierle in un unico sguardo. Forse l'abitante di Locrina potrebbe….
Il grande fratello entra nelle case e trasforma in soap a costo zero le nostre vite. Le foto di Marco ci ricordano che l'audience ha (per fortuna) volti diversi. Non riducibili.
Veri.

Vanessa Roghi

1. "La televisione imponeva un rispetto speciale nei suoi primi anni, così che nel 1938 un telespettatore britannico scrupoloso poteva scrivere con severità che «si può essere ascoltatori di sottofondo ma non si può essere spettatori di sottofondo», aggiungendo che i preparativi per guardare i programmi televisivi sono in questo caso accompagnati da una certa cerimonia rituale". In *Television in the home and family* (Televisione a casa e in famiglia) di Susan Briggs, in *Television. An International History* (Televisione. Storia Internazionale) a cura di A. Smith, Oxford University Press, 1995, pag. 212.
2. Achille Campanile, *La televisione spiegata al popolo*, Bompiani, Milano 1969, pag. 87

3. Aldo Grasso, *Enciclopedia della Televisione*, Garzanti, Milano 1996
4. Il contatto è il termine utilizzato "nel sistema di rilevazione, Auditel, per indicare lo spettatore che, per almeno un minuto, guarda un qualsiasi programma. Il contatto rappresenta l'unità di misura dell'ascolto televisivo" da A. Grasso, *Enciclopedia della Televisione*, p.166
5. A riguardo sono stati scritti numerosi saggi, uno per tutti quello di Ien Ang, *Cercasi audience disperatamente*, Il Mulino, Bologna 1998 (ediz. originale 1991)
6. Neil Postman, *Divertirsi da morire*, Longanesi, Milano 1985, pag. 157

7. "E' approdata una rivista carica di ottuagenari", 24 febbraio 1963 ora in A. Campanile, *La televisione spiegata al popolo*, cit., pag. 271
8. In Franco Fortini, *Storie da Calendario*, Einaudi, Torino 1972, trad. C. Cases, pag. 141
9. Umberto Eco, *Il pubblico fa male alla televisione?*, in *Le emittenti radiotelevisive e il loro pubblico*, Premio Italia, Torino 1973, pp. 11-12
10. Nello Ajello - Livio Zanetti, *Il cittadino con le antenne*, "L'Espresso", 12 gennaio 1964, pag. 15
11. Jean Baudrillard, *Il delitto perfetto. La televisione ha ucciso la realtà?*, Raffaello Cortina Editore, Milano 1996

«you may be a background listener but you can't be a background viewer»[1]

"*Tele* – from the Greek: far. Prefix with which the TV has created no less than thirty or forty composite words, among which the first in alphabetical order and the last in order of importance is "teleabbonato" (telesubscriber)"
Achille Campanile[2]

In the *Quarto libro della fantascienza* Fruttero and Lucentini offer their readers a breviary of phrases, created by the writer Joanna Russ, designed for the tourist who should find him or herself passing through the country of Locrina, Planet VII of the system CX 437894.

«*Waiter* – observes the tourist – *this meal is still alive*». Or: «*This is my associate. He can't be considered a tip*» or again «*This can't be my room because I can't breathe ammonia*».
Among the many phrases there are quite a few which would also be useful on earth. The intergalactic traveller could easily find him or herself using expressions such as «*So you change colour?*» and «*You would consider this erotic?*», especially if he or she were to run up against certain emblematic manifestations of our civilisation, such as sun-lamp sessions and TV programmes.
TV programmes. We rarely hear such banal questions posed about that kaleidoscope of symbols which television has become; it's so obvious that what we watch is neither interesting, nor still less erotic that, as the critics say, we would have to be Martians to worry about such things.
Probably only a native of Locrina would find anything surprising in it, or else he or she would flip the mirror, like in another science-fiction plot, and from the other side of the screen would set about observing us and our habits, our way of watching (or not watching) television.
Auditel did it, and before Auditel the sociologists, and even before them common sense which tells us that an entire race which sits down at the same time in front of the same show, in different, distant and non-communicating places, is a good deal more interesting than the broadcast programme. On this side of the TV there's us. On this side of the TV there is the audience. By logical deduction therefore we are the audience. What is an audience?

Audience means listeners, because the significance of performances was connected to their being heard rather than seen. Over time the word has come to be used more generically to define the assembly of "spectators, readers or listeners defined in relation to the act of consumption of a medium".[3]
And it is in the term consumption, more than in that of audience, that the key to the use of television is now to be found. More often than not no-one actually listens to the TV, we simply watch it, with frequent shifts of channel, grasping here and there fragments of the televisual flux which, as Raymond Williams says, now impinges on every moment of our lives. Alternatively the television remains on while we turn our backs to it and get on with doing other things. The meaning of audience has effectively been modified; it is no longer synonymous with listening, enjoyment or even watching, but indicates simply the fact that the machine is present and is switched on, a unity of place, time, and space. And so the elements of the performance are recomposed, as Aristotle would have wished; they are recomposed for a third viewer, possibly the native of Locrina, who observes TV and public in a shared and unmediated space in which they have become actors, co-protagonists, and where knowing what is happening on TV is as important as knowing what the distracted viewer seated in front of it is eating.
We are, on different occasions, audience and target, average rating and contact,[4] or share (featuring as a percentage); everything, absolutely everything possible is done, as the most disenchanted theorists point out, so as to make us buy something, or to sell us a character and along with him or her all the advertising which is broadcast in the relative slots.[5]
And so we become a product of the statistics, of the Auditel men, of the inventors of the programme schedules, and in the end it is as if we no longer actually existed.
The audience becomes a hypostatisation of capitalism.
An idea.

Televisual flow

A mayor from the north of Italy offers a reward of five million lire to anyone with a tractor who is willing to tip sewage over an "unofficial" nomad camp: the mayor is interviewed and declares «We don't want to drive anyone out». Images of the dirt in a camp (archive shots). Tg1

«The greatest faculty of the human brain, that which distinguishes us from and makes us superior to other animals, is the capacity to absorb and recall thousands of bits of information».
Alessandro Cecchi Paone, La Macchina del Tempo, Canale 5.

Two examples of television information. Two ways of representing the communication. The first enacts the separation between action and discourse which is indicated by the epistemologists as intrinsic to television information: the mayor proposes tipping shit over the place where other human beings live but claims that he does not want to send anyone away (maybe he thinks that the gypsies are apple trees and will grow better with a bit of natural compost). On telly no-one can afford to appear to be a baddie.
The second is more scientific and detached, almost neutral, and yet it cannot manage to make us forget Neil Postman's comment

«We would all be better off if the TV was worse rather than better».[6]

Cecchi Paone's phrase, in the context of a documentary on evolution, underlines what the communication scientists have been saying for some time: the structure of our brain is changed by the contact with the new media. The brain is moulding itself to the fragmentary nature of television. The accumulation of information and images proceeds without the need to fit them together or set them in relation, either before or after; there is only the now. According to Hegel the reason grasped the whole in its entirety, according to Cecchi Paone the reason grasps the whole in little bits.
Television which attempts to be intelligent is really frightening. And it was already frightening many years ago, as Achille Campanile observed in commenting on one of the first cultural broadcasts of the Rai: L'approdo.

«There's a mighty cultural wind blowing in TV. I would go so far as to call it a cyclone, a vortex, a monsoon. A cultural whirlwind».[7]

The performance area

«Images», wrote Gavriel Salomon, *«ask to be recognised, words to be understood».*

Marco Calò's photos also inspire the desire to understand and to be understood. They give body to the Idea. To the audience. If I could eat an idea I would have made my revolution, sang Giorgio Gaber.
Marco makes us eat the idea, bread and ham, pasta with sauce.
Marco gives life to the most revolutionary aspect of the television programme: its

public - which watches it, hovers around it, turns its back on it.
Franco Fortini wrote of the apocalyptic critics who saw in television the sum of all evils because, in spite of the fact that it provided an exhaustive reflection of society, it did not represent the good or the just of the philosophers:

«We can reply to them in the same way as Brecht replied to Karl Kraus, the enemy of the newspaper: "Mr. Wirr believed man to be a superior creature and the newspaper a medium not susceptible to improvement. Mr. Keuner, instead believed man to be a base creature and the newspaper a medium susceptible to improvement"».[8]

And so it is man who is elevated – human, too human, likeable and perfectible. Even if, as it's said, the TV is made in his image and likeness (this was Campanile again, ironising about those who claimed the need for television to be stupid because otherwise the people would not understand it).
There are too many faces turned towards the TV and they are too different among themselves, and the audience hunters' need for simplification is too limiting.
The TV is what it is. Its public is millions of things.
These are the two poles with the performance area.

Freedom

And so we are all free of the TV? To paraphrase Finardi, TV frees the mind? A generational example was provided several years ago by Umberto Eco, departing from the fact that the national TV was born in the early fifties, and «*that there now exists a generation, in the classical sense of the term, which has grown up watching the telly*». Eco writes: «*our typical Italian begins talking when his parents have presumably not yet bought the telly, which comes into the home about 1953. Between the age of three and four he is accompanied day and night by the face of Marisa Borroni; at five he is enchanted by the jugglers who populated the variety shows of the time, and his sense of humour is moulded by works featuring Nuto Navarrini. His ideology is that of the Verdi melodramas which are broadcast with insistent frequency. The boy starts school basing his concept of culture on Lascia o raddoppia? or, what is even more worrying, on the cultural broadcasts of the period. As soon as he learns to read and write he enters the Carosello era, his initiation rites are called Festival di San Remo and Canzonissima, he does not even dare to name Marx in the form of Groucho and Harpo, because the films which he sees on the small screen are at this time B-movies from the forties. At the age of eleven he learns geography from Campanile Sera. The rest of Italy and the world are recounted by the News. Along with Greek and Latin he also learns meteorology from Colonel Bernacca, and comes into contact with his first social and political problems through TV7; he learns that there exists a violent form of ideological challenge thanks to the "With all due respect" of Tribuna politica. In 1968 he's already at University. He has passed through the mill of Children's TV, State channel news and Padre Mariano. He is the representative of an education which is entirely televisual, in a country administered by the majority party which expresses the fundamental values of a Catholic-Popular culture inserted within the ideological and political ranks of the Atlantic Charter. If the apocalyptic theorists of mass-communication - armed with their pretentious aristocratic Marxism with its Nietzschean tinges, suspicious of the procedures and ruffled by the masses - had been right, then in 1968 this lad would have been looking for a safe and decorous job in the Cassa di Risparmio [...] getting his hair cut once a week and on Palm Sunday hanging the blessed palm over the Famiglia Cristiana calendar bearing the image of the Sacred Heart of Mike Buongiorno. Instead the television generation was the generation of May 68, of the splinter groups, of the refusal to integrate, of the ritual murder of the father, of the crisis in the family and of women's rights*».[9]

Against Umberto Eco's optimism about the virtues of the television in the formation of generations, while remaining within the TV idiom, we must be allowed to recall that this same generation did not hesitate to bombard Belgrade, to hedge about "gay pride", to make credible figures which had been invented by television itself. Effectively, the observation of Nanni Moretti appears more appropriate; in *Aprile*, faced by the desolate Puglia backdrop to the landing of the first great wave of the hopeless Albanian refugees, he commented «*the fact that not one left-wing party leader has visited Puglia during the last few days is a symptom of their political shortcomings, and still more of their human shortcomings [...] I remember how in the seventies in Rome at the Fgci the young Roman communists would sit all afternoon in front of the TV watching Happy Days, Fonzie*».
It's best not to expect anything of the television public.
They could let us down badly like this.

The words

Teleputer, infotainment, broadband, video on demand, these are just some of the neologisms dreamed up by the "communicators" to talk about the new frontiers of the TV.
We will be able to watch only what interests us thanks to video on demand, that is the telematic channels. We will be titillated by that already tried and tested mix of information and entertainment, the infotainment which has already regaled us with pearls of macabre glamour realism "tell us about how you managed to evade your taxes while our showgirls shimmy around you".
Thanks to the computer we will be able (maybe) even to do without the magic box and snoop into the private lives of whoever is willing to have a telecamera installed in the sitting-room or the bathroom.
Plus ça change, plus c'est la même chose.
It's interesting to read these neologisms while looking at the faces photographed by Calò. In the face of all this linguistic racket,

the silence of those who suffer its enactment, or who underline its vacuousness. In the long run what's the difference between the lavatory of the Los Angeles housewife and the lives of the protagonists of Beautiful?

The italoviewer
A species in continual expansion up to the eighties, in the last twenty years it has become identifiable with the *italoabitante genericus*. A mammal, it reproduces in the moments specially designed for it by the genetic engineering of the future, the commercial breaks created by the admen. It has undergone a slow evolution, judging by certain supremely boring books on the subject, initially congregating in herds and later increasingly experimenting the paths of individualism. The reportage by Marco Calò manages to catch some of the most significant moments of its life; the return of the herd casting themselves into a pool, for example, is a clear sign of the crisis of the species and the desperate search for a new identity.
One of his first exemplars reminds us that even among the italoviewers natural

selection has played a fundamental role in the evolution of the species. After having watched the TV, in fact, one of our heroes was immediately moved to communicate:

«*My granddad says that working the land is the finest trade there is... If I was in charge instead of my granddad I'd head straight for the city, as it is I just have to wait till the time comes for my granddad to die, then I'll be able to buy a scooter and go to live like I've seen on TV*».[10]

And so the species has improved, and become what it is today.

Rediscovered time
Marco Calò invented his own surrealist poetics (real, too real) revealing it through images:
«*We have to conduct the televiewer not to in front of the screen (that's where he's always been, and this is in fact his alibi and his refuge) but into the screen, to the other side of the information. We have to make him perform the same conversion as Duchamp with the bottle-rack, transferring him just as he is to the other side of art,*

thus creating a definitive ambiguity between art and the real».[11]

Marco says "*choosing the faces of the televiewers as the protagonists of this ambiguity is an attempt to identify the mass. The latter acquire a face and with it identity. Giving an image to the individual means identifying in him an imprint, a specificity; it is almost as if he is raised to a more real and more true condition. It's up to him to enter the screen, through the television mechanisms, to permit and to prohibit. Giving a face to the mass means depriving the televiewer of his alibi, calling him to witness, rendering him responsible*".

In comparison to the speed of the flow, Marco's images are immobile, reinstating the time element scavenged by television. Two different speeds. It's impossible to embrace them in a single glance. Possibly the native of Locrina could...
Big Brother enters our homes and transforms our lives into zero-cost soaps. Marco's photos remind us that the audience has (luckily) many faces.
Which cannot be reduced.
Real.

1. "Television commanded special respect in its early years, so that in 1938 a dedicated British television viewer could write sternly that «you may be a background listener but you can't be a background viewer»; adding that 'preparations for watching the television programmes are in our case invested with a certain mount of ceremony'." in Susan Briggs, *Television in the home and family*, in A. Smith (edited by) *Television. An International History*, Oxford University Press, 1995, p. 212
2. Achille Campanile, *La televisione spiegata al popolo*, Bompiani, Milano 1969, page 87
3. Aldo Grasso, *Enciclopedia della Televisione*, Garzanti, Milano 1996

4. Contact is a term used "in the Auditel recording system to indicate the viewer who watches a particular programme for at least one minute. The contact is the unit of measurement of television viewing." from A. Grasso, *Enciclopedia della Televisione*, cit. p.166
5. Numerous articles have been written on the subject; representative of all is that of Ien Ang, *Cercasi audience disperatamente*, Il Mulino, Bologna 1998 (first edition 1991)
6 Neil Postman, *Divertirsi da morire*, Longanesi, Milano 1985, page 157
7. "E' approdata una rivista carica di ottuagenari", 24 February 1963 now in A. Campanile, *La televisione spiegata al popolo*, cit., page 271

8. In Franco Fortini, *Storie da Calendario*, Einaudi, Torino 1972, trad. C. Cases, page 141
9. Umberto Eco, *Il pubblico fa male alla televisione?*, in *Le emittenti radiotelevisive e il loro pubblico*, Premio Italia, Torino 1973, pp. 11-12
10. Nello Ajello - Livio Zanetti, *Il cittadino con le antenne*, "L'Espresso", 12 January 1964, page 15
11. Jean Baudrillard, *Il delitto perfetto. La televisione ha ucciso la realtà?*, Raffaello Cortina Editore, Milano 1996

1:00	Fuori orario – Cose (mai) viste	13:55	Tg1	18:30	Studio Sport
		13:55	Tg1	18:35	In bocca al lupo!
09:15	Mc Gyver	14:10	Cosa c'entriamo noi con la rivoluzione?	18:40	Passaparola
10:00	Perla nera	14:10	Beautiful	18:50	L'ispettore Derrick
10:00	Quando si ama	14:10	Beautiful	18:50	Video dedica
10:00	Santa Messa	14:40	Uomini e donne	18:55	Passaparola
10:30	Rai Educational	14:50	T3 Leonardo	18:55	Tg4
10:35	Una cascata di diamanti	15:10	Leonela	19:00	Baywatch
11:30	Mezzogiorno in famiglia	15:15	ES - L'essenza della vita	20:00	Tg1
12:00	I fatti vostri	15:50	Sabato Sport	20:30	Paperissima sprint
12:05	In nome della famiglia	16:00	L'uomo tigre		
12:20	Linea verde – In diretta dalla natura	16:05	La vita in diretta	20:45	Misteri
12:55	Happy days	16:30	Ciao Ciao	20:45	Napoli – Inter
13:25	Sgarbi quotidiani	17:20	Nel regno della natura	20:50	La macchina del tempo
13:25	Tg2 - Motori	17:35	Zap Zap Estate	20:50	Sostiene Pereira
		17:45	OK il prezzo è giusto	20:50	Pinocchio
13:30	Tg1			22:00	America oggi
13:30	Tg2 – Costume e Società	18:00	Comunque chic	22:00	Assai più meglio della Rai
13:40	Automobilismo	18:00	La ruota della fortuna	22:45	Tappeto volante
13:45	Beautiful	18:00	Tg Rosa	23:00	Forrest Gump
13:45	Beautiful	18:00	Verissimo	23:15	Maurizio Costanzo show
13:55	Beautiful	18:20	Picnic a Hanging Rock	23:15	Porta a Porta

Fuori orario – Cose (mai) viste

Mc Gyver

10:00

Santa Messa

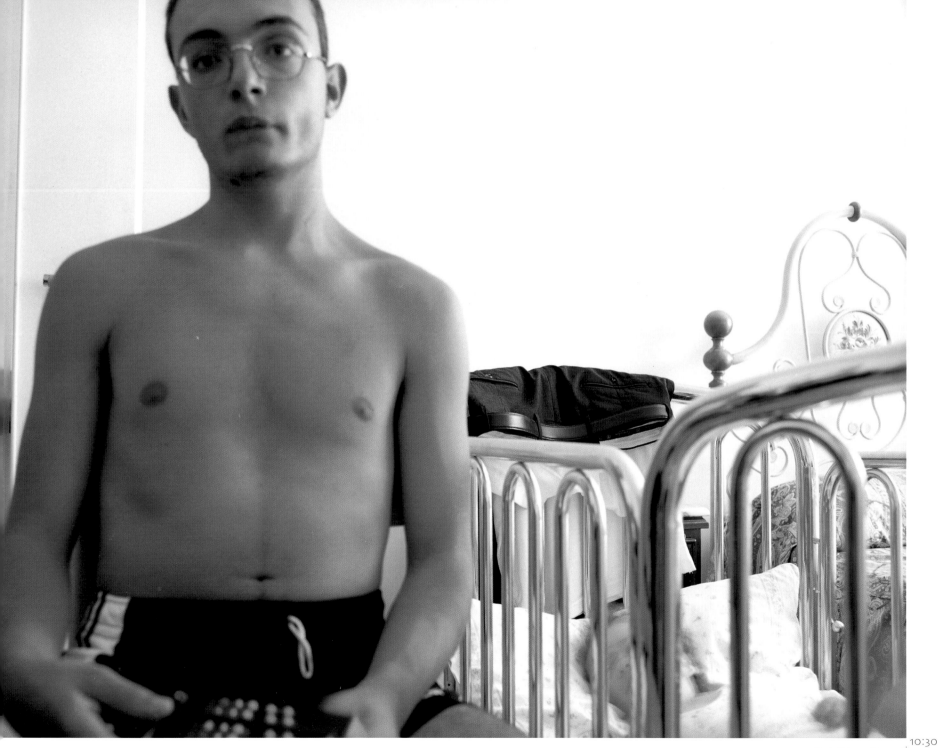

10:30

10:35
Una cascata di diamanti

12:00

12:05

In nome della famiglia

12:55
Happy days

13:30
Tg1

13:30 | Tg2 – Costume e Società

Beautiful

Beautiful

Cosa c'entriamo noi con la rivoluzione?

Beautiful

Beautiful

14:40

15:10

Leonela

L'uomo tigre

16:05

Zap Zap Estate

OK il prezzo è giusto

18:00
Comunque chic

18:00

18:00
Tg Rosa

18:00

18:20
Picnic a Hanging Rock

18:30
Studio Sport

In bocca al lupo!

18:50

18:50

Video dedica

20:45

20:50
Sostiene Pereira

22:00

America oggi

22:00
Assai più meglio della Rai

22:45

23:00

23:15

23:15
Porta a Porta

Paola e nostra figlia Sofia
i miei genitori Valerio e Marcella

Alfredo Caserta, Francesco e Mimmo Jodice, Martino Marangoni
Giuliano Carli, Pietro Carafa e Maria Rosaria De Benedittis
Simone Giusti, Vanessa Roghi, Marco Giusti
Alessandra Casavola, Paola Pagliuca, Thierry Béringer
gli amici dello Studio Marangoni, Giuliano Mariano
Peppe Maisto, Franco Vaccari, Simona Ongarelli
un telefilm di cui non ricordo il nome, la musica di Ben Harper
i mitici Domingos, Nicola Licci, Ilaria Sisinni, Livio Amato
Ciro Frank Schiappa, Erminia Carbone, Piero Fragola
la famiglia Miglietta, Laura Licci e Tonio Quarta, Georg Breusch
Pietro e Monica Pedace, Francesco e Giovanni Reggio
Stefano Caiulo e la casa di via Principe Eugenio, Flask
Patrizia Massetti e i suoi splendidi gemellini, gli amici di Napoli
Giorgio Barrera, Cristina Zamagni, il mio motorino
Bruno Chiaravalloti, tutti quelli che si sono lasciati fotografare
la Tarantina, Nicola Lorusso, Daniela Tartaglia
Alessandra Capodacqua, Clara Simonetti, Nicoletta Leonardi
Margherita Verdi, Giorgina Bertolino, Gianluca Garofalo
Osvaldo Sanviti, Igor Molino, Antonella Gennaro, gli amici sardi
Paolo Vincenti, Alberto Munari, Michi Suzuki
le mie sorelle Raffaella ed Emanuela
                                                    grazie

MARCO GIUSTI (Grosseto 1953) autore televisivo.
Ha ideato con Enrico Ghezzi le rubriche televisive Blob e
Blobcartoon. Collabora con *L'Espresso* e *Il Manifesto*.
Ha pubblicato numerosi saggi sul cinema e la televisione,
fra questi *Il grande libro di Carosello* (1995) uno studio
sul primo e originale contenitore italiano di pubblicità.
Attualmente è un dirigente di Rai Due.

VANESSA ROGHI è nata a Orbetello nel 1972. Dottoranda in storia contemporanea si occupa di cultura di massa e comunicazioni. Collabora a numerose riviste.

MARCO CALÒ (Lecce 1971).
Ha studiato fotografia presso la fondazione Studio Marangoni di Firenze.
Conseguiti gli studi in sociologia con indirizzo *comunicazione
e mass-media*, si interessa di sociologia visuale.
La sua produzione fotografica, di cui *Audience* rappresenta il
lavoro più importante, è sempre affiancata da interessi socio-
logici che ne costituiscono un filo conduttore.
Collabora con varie riviste e le sue fotografie sono apparse su
diversi cataloghi.
Tra le mostre più importanti:
Galerie Municipale Du Chateau d'Eau, Toulouse; Istituto Suor
Orsola Benincasa, Napoli; Palazzo delle Esposizioni, Roma.

MARCO GIUSTI (Grosseto 1953) television author.
With Enrico Ghezzi he created the television programmes
Blob and *Blobcartoon*. He contributes to *L'Espresso* and *Il
Manifesto*. He has published numerous essays on the cinema
and on television, including *Il grande libro di Carosello* (1995)
a study of the first Italian advertising container. He is currently a director of Rai Due.

VANESSA ROGHI was born in Orbetello in 1972. Currently study-
ing for a thesis in modern history, she operates in the sphere
of mass culture and communications. She contributes to a
number of magazines.

MARCO CALÒ (Lecce 1971).
Studied photography at the Studio Marangoni in Firenze.
Qualified in sociology, specialising in *communication and
mass-media*, and is interested in visual sociology.
His photographic production, of which *Audience* represents
the most important work so far, always goes hand-in-hand
with the sociological interests which are its guiding principle.
He contributes to various magazines, and his photos have
appeared in a number of catalogues.
Among his most important shows:
Galerie Municipale Du Chateau d'Eau, Toulouse; Istituto Suor
Orsola Benincasa, Napoli; Palazzo delle Esposizioni, Roma.